Im Reim soll Gott gepriesen sein

Zeichnung: Erika Wolffram

Erika Wolffram

Im Reim soll Gott gepriesen sein

Das Titelbild zeigt die Verfasserin geb.
Erika Maquet vierjährig im Jahre 1919.

Selbstverlag, Hamburg, Dezember 2003
Alle Rechte liegen bei der Autorin
Herstellung und Verlag:
Books on Demand GmbH, Norderstedt
ISBN 3-8334-0483-3

Für Horst Gädtke

Inhalt

Vorwort

Mein Anliegen mit dem hier vorliegenden Gedichtband ist es nicht etwa, hohe Dichtkunst zu verbreiten. Vielmehr sollen meine schlichten Reime zeigen, was ich bisher alles mit Gott, dem Dreieinen, erlebt habe. Die Verse kommen aus meines Herzens Grund, niedergeschrieben in der Sprache der Liebe.

Mögen sie ein Hinweis sein auf die größte Kraftquelle in unserm Universum, aus der Stärkung für jeden Menschen in wirklich jeder Lebenslage kommt.

Verstehen Sie, lieber Leser und liebe Leserin meine Verse als einen Ruf zu Jesus Christus, in dem die ganze Fülle der Gottheit wohnt (Kolosser 2,9).

Wenn Sie aber Jesus Christus schon kennen und lieben, dann mögen meine Reime Ihre Beziehung und Ihr Bekenntnis zu ihm in Ihre Erinnerung rufen und gegebenenfalls vertiefen helfen; denn Er allein, der seine Hörer zum liebenden Verstehen, aufrief, zur Liebe zu Gott und untereinander und nicht zuletzt zu sich selbst, ist der rechte Weg zum gelingenden, wahren Leben.

1. Dank

Mein Lebensschiff

Du, mein Gott, treibst mein Lebensschifflein an.
Du geleitest es nach Deinem weisen Plan.
Auf den Wellen des Lebens hebt es sich auf und ab,
mal in Himmelshöhen und manchmal auch tief hinab.
Doch wo es auch treibet, Du bist immer bei mir,
denn ich weiß, mein Lebensschifflein gehöret Dir.
In den lichten Höhen spür` ich jubelnde Freude
und in den dunklen Tiefen stärkst Du mich im Leide.
Doch immer geradeaus geht unsere gemeinsame Fahrt.
Zum Ziel treibt mein Schiff, wo die Heimat mir naht.
Mein Lebensschiff fährt geborgen in Deinem Willen.
Auch gefahrvolle Stürme kannst Du in Liebe stillen.
Es gleitet dahin auch am Abend des Lebens spät,
bis es dermaleinst in Deine Herrlichkeit schwebt.
Du hebst es empor dann in himmlische Höh`n,
wo ich Dich in Deinem strahlenden Lichte werd` seh`n.

Für Dein liebevolles Geleiten und für all` Deinen Segen
Durch Wogen und Wellen in meinem langen Leben

sing ich von Herzen Dir Dank
in stetem Lobgesang.

Du König aller Dinge

Du König aller Dinge, Du hochgelobter Herr,
Du machst Dich so geringe, neigst Dich herab zu mir.

Du kommst gar in mein Herze und wohnest auch darin.
Du schenkst mir Gnad` und Frieden, weil ich Dein eigen bin.

Welch Glück ist mir beschieden, von Dir geliebt zu sein?
Deine Lieb` ist ohnegleichen. Du machst mich froh und rein.

In der Fülle meines Dankes knie nieder ich vor Dir,
für soviel Gnad` und Segen, die Deine Güte schenket mir.

Mein Herr

Du bist ja mein: Herr Jesus Christ.
Auf Erden mir nichts sonst lieber ist.

Wie glücklich bin ich doch bei Dir.
Nichts Schöneres gibt es für mich hier!

Mit Deiner Liebe ohne Maßen
hast Dein Leben Du für mich gelassen.

Mich erfreut nichts mehr als: Du bist mein,
fühl mich in Dir geborgen: Ich bin Dein.

Mein Herz ist voller Dankbarkeit
Und lobt Dich bis in alle Ewigkeit.

Wo wohnt Jesus?

Nicht nur im Himmel oben wohnt mein Herr Jesus Christ,
nein, auch in meinem Herzen für immer Seine Wohnung ist.

In Seine Hand legt` ich vertrauensvoll mein ganzes Sein,
damit Er bei mir ist und dass nimmermehr ich bin allein.

Aus Liebe nahm Er mir Angst und Not, Leid und Schmerz
und senkte tiefes Glück und Frieden in mein traurig Herz.

Drum sag` ich Jesus Dank für alle Zeit mit Ihm auf Erden,
bis ich für ewig bei Ihm werd` sein nach meinem Sterben.

Hauskreis – Gebet

Herr habe Dank für unser Beisammensein.
Senke Du Deinen Geist tief in uns hinein.

Lass unsere Herzen Dich fragen,
was Dein Wort uns heute möchte sagen.

Zeige uns in aller Klarheit
Deine wundervolle Wahrheit.

Dass wir von Dir gesegnet von hier geh`n,
um unsern Alltag zu besteh`n.

2. Freude

Wir sind froh

Wie schön ist es, bei Dir zu sein.
Du füllst das Herz mit hellem Schein.

In Krankheit, Not und Schmerz
machst Du ganz ruhig unser Herz.

Du schenkest Freuden, erhörst Gebet,
wenn jemand glaubend Dich anfleht.

Du führst uns heraus aus allem Unheil.
Denn wir gehören Dir, wir sind Dein Teil.

Du bist das Haupt, wir Deine Glieder,
die von Dir Kraft bekommen immer wieder.

Du lenkst in Liebe unsern Schritt.
Wir dienen Dir und Du gehst mit.

Solange bis ertönt der Freudenschall
und uns einlädt zum Hochzeitsmahl.

Uns allen, die dich liebten in der Zeit
hälst Du den Hochzeitstisch bereit.

Dann gibt`s ein Wiederseh`n und große Freud
Bei Dir mein Heiland in Deiner Herrlichkeit.

Jesus, Du gibst mir Freude

Jesus, Du gibst mir Freude, schenkst mir Deine Gaben.
Ich kann es hier auf Erden garnicht besser haben.

Du gibst mir wahrlich Freude ohne Maßen.
Von Dir mein Herr und Heiland will ich niemals lassen.

Voller Dankbarkeit im Herzen jauchze ich Dir zu.
Du gibst mir Kraft und Frieden, gibst mir Ruh.

Meine Sonne

Die Sonne, die mir leuchtet, ist mein Herr Jesus Christ.
Er, der auf allen Wegen mir stets Begleiter ist.

Im Leiden und in Freuden ist Er mir immer nah.
Er führte durch mein Leben mich liebend immerdar.

Wenn auch Sturm mir manchmal mein Herze machte bang,
so schien doch Seine Sonne mir treu mein Leben lang.

Düstere Wolken schwanden und sein Sonnenschein war da.
In mir erwachten Lieder, weil Er mir ständig nah.

Heil Jesus Dir

Heil Jesus Dir
Preis dem herrlichen Wort, das die Christenheit durchdringt,
das in ihr voll Freude schwingt und das sie jubelnd singt.

Heil Jesus Dir
Liebe, Gnad` und Fröhlichkeit trägst Du in die Christenheit.
Freud im Glück und Trost im Leid hast Du stets für sie bereit.

Heil Jesus Dir
Du hast sie gefunden und Dich mit ihr verbunden.
Ihre Schuld hast Du vergeben, versprachst ihr ew`ges Leben.

Nur eins

Herr, nur eins kann Dich ehren und erfreuen.
Nur eines kann unsere Herzen erneuen,

unser ernstliches Bitten um Deinen Geist,
der uns den Weg zur Liebe und Wahrheit weist,

ein Bitten, um Deinen Beistand im Herzensgrund
und nach Deiner guten Leitung zu jeder Stund`.

Mit Dir Jesus allein, nur können wir glücklich sein.
Große Freude und Friede ziehen dann in uns ein.

Wahres Glück

Jubel, Freude, Seligkeit
hast Du Herr für uns bereit.

Liebe über alle Maßen,
Liebe, die wir kaum erfassen.

Du schenkst uns Deinen Geist,
der uns den Weg zur Wahrheit weist.

Glücklich werden wir nun sein,
weil wir wissen, wir sind Dein.

Und weil Du immer für uns da,
sing`n wir Dir ein froh Halleluja.

Mein Sonnenschein

Jesus, Du allein bist mein Sonnenschein.
Leucht` mir tief ins Herz hinein.

Inmitten der Welt Trug und Schein
bist nur Du die Wahrheit ganz allein.

Mag am Ende auch alles untergeh`n,
Dein Wort bleibt für alle Ewigkeit besteh`n.

Kraft

Ich brauche Kraft, wunderbare Kraft von dem Herrn.
Wenn ich sie von Ihm erbitte, gibt Er sie mir gern.

Er gibt sie stets mit Freuden ohne Maßen.
Von Dir, mein Herr, will ich nicht lassen.

Tiefer

Tiefer, Herr, lass Deine Wahrheit mich erkennen,
freudiger, Herr, lass mich Deinen Namen nennen.

Erfüllter, Herr, lass mich Deinen Geist erfassen.
Oh, lass mich, Herr, Deine Liebe nie verlassen.

Frohsinn und Freude lass in mir erklingen,
denn täglich möcht` ich Jubellieder für Dich singen.

Höher, Herr, lass mein Herze für Dich schlagen.
Dich will ich preisen und Lob Dir sagen.

Ich nehme dankbar hin, was Du alles hast für mich getan.
Im Geist und in der Wahrheit bet` ich Dich voller Liebe an.

Jesus immer nur Du

Jesus, Du bist mein Licht in dieser dunklen Welt.
Du bist die Sonne, die mir den Weg erhellt.

Dein Heil`ger Geist ist`s, der mich ganz erfüllt
und alle meine Sehnsucht stillt.

Du bist die Wahrheit uns von Gott gegeben.
Du bist das Leben nach dem wir alle streben.

Du bist in uns die starke Kraft,
die uns Mut und Stärkung schafft.

Du reichst versöhnend uns die Hände.
Deine Liebe schenkst Du selbstlos ohne Ende.

Als unser guter Hirte voll Geduld
nahmst Du einst von uns alle Schuld.

Du bist der einz`ge Weg zu Gottes Herzen.
Bei Ihm enden all unsere Schmerzen.

Du bist das Ziel, das wir erstreben.
Am Ende schenkst Du uns das ew`ge Leben.

Im Herzen fühl ich Dein Feuer brennen,
so dass ich mit Freuden möcht` Deinen Namen nennen

Ja, Jesus, Du mein Heiland, immer nur Du.
In Dir finde ich Glück und selige Ruh.

Dein Kommen

Wie ein Himmelsblitz wird Dein plötzliches Kommen sein.
Dein strahlendes Licht ist wie von 1000 Sonnen der Schein.

All das Dunkel hier wird von Deinem Glanze erhellt.
Die Posaunen der Engel werden erschallen in der ganzen Welt.

Wenn Du erscheinst, unser König, und holst die Deinen heim,
dann werden sie Dir zujubeln, um mit Dir glücklich zu sein.

Dann wird für all Deine Jünger, enden Kummer, Not und Leid
und es wird beginnen für die Deinen die glückselige Ewigkeit.

Sie sind dann alle heimgekehrt an Dein liebendes Vaterherz;
vorbei alle Pein, alle Not, alle Trübsal, vorbei aller Schmerz.

Du trocknest alle Tränen, schenkst Liebe und Freude gar viel
den überglücklichen Menschen am herrlichen, göttlichen Ziel.

3. Liebe

Deine Liebe

Liebster Jesus aus Gefahr errettest Du
und in Ängsten gibst Du Ruh.

Falsches Tun vergibst Du mir.
In Krankheit darf ich mich nahen Dir.

Ja, Du nimmst mir viele Schmerzen,
nimmst den Druck von meinem Herzen.

Immer bist Du bei mir in aller Not.
Du bist das wahre Himmelsbrot.

Du tröstest mich in tiefem Leid.
Du, mein Heiland, meine Hilf` zu jeder Zeit.

Du gehst mit mir auf allen Wegen.
Von Dir fließt auf mich reicher Segen.

Weil Du mich von ganzem Herzen liebst.
ist groß das Glück, das du mir gibst.

Jesus, Du allein, bist alles, alles mir
und führst am End` mich ganz zu Dir.

Liebe zu Jesus

Liebster Herr Jesus Dich lieb` ich so sehr.
Mein Herz brennt für Dich mehr und mehr.

All mein Sinnen, all mein Streben
hast Du mir, Herr, ins Herz gegeben.

Alle Tage gilt Dir mein Sehnen.
Meine Augen füllen sich mit Tränen.

Weil ich Dein sein darf und Du mich liebst
und meinem Herzen tiefe Freude gibst.

Durch alle Zeiten spür` ich Dein Nahesein.
Das möcht` ich künden in alle Welt hinein!

Liebster Jesus

Liebster Jesus Deine Liebe hat so glücklich mich gemacht.
Überschäumend mir im Herzen spüre ich sie Tag und Nacht.

Mit Deinen segnend ausgestreckten Händen auf Erden hier,
nahmst Du mir Schmerzen und heiltest manche Krankheit mir.

Deine überreiche Gnadengabe kann ich kaum ermessen.
Ihre Fülle werde niemals ich vergessen.

Oh, wie glücklich darf ich sein.
Deine Liebe hüllt mich ein.

Jesus macht froh und reich

Ich kann es ja nicht lassen, Dich zu lieben immer mehr.
Du füllst mir mein Herz mit Deinem Leuchten gar so sehr.

Ich kann es nicht verschweigen, wie ich voll Freud` bei Dir,
wie Du mich ganz erfüllst und beglückst die Seele mir.

Ich möcht`s Dir immer sagen und allen Menschen zugleich:
Du machst in allen Tagen unendlich froh und reich!

Halte fest

Halte fest du Christenschar an deinem Glauben.
Lass deine Hoffnung dir nicht rauben.

Lass von Menschen dich nicht verwirren.
Du weißt, die Menschen können irren.

Bleib` nah` bei Jesus. Er ist dein Licht.
Er ist die Wahrheit. Er enttäuscht dich nicht.

Jesus trug für uns Schuld und Sünd`,
damit wir vor Gott gerechtfertigt sind.

Da Er unsere Schuld hat ans Kreuz getragen,
drum woll`n wir herzlich Dank Ihm sagen.

Ihm können wir wirklich blind vertrauen
und unser Leben auf Ihn bauen.

Jesu Gnade gibt, dass wir Ihn lieben.
Dass Er uns auch liebt, gibt uns Frieden.

Liebe ist Sein höchst` Gebot.
Aus Liebe ging Er für uns in den Tod.

4. Trost

Wenn rauhe Winde dich umweh`n

Wenn rauhe Winde dich umweh`n.
Wenn du meinst, nur noch ins Bodenlose zu seh`n.

Wenn du meinst, dein Leben ist zu schwer.
Wenn du meinst, du schaffst es nicht mehr.

Wenn du meinst, du gehst im Finsteren einher,
wo du dich fürchtest gar so sehr.

Dann wendt dich Jesus zu. Er ist das strahlend helle Licht,
das deine Dunkelheit durchbricht.

In Seine treuen Hände lege vertrauensvoll das Leben dein.
In Seiner großen Liebe geborgen bist du dann nie mehr allein.

Für immer und ewig bleibt Er dein dich liebender Gott.
Mit seinen starken Armen hilft er dir in jeder Not.

In deines Heilands Armen, da ruh` dich aus.
In deines Heilands Armen, da fühl` dich ganz zu Haus.

Schau doch empor zu Jesus Christ

Schau doch empor zu Jesus Christ,
der auch für deine Sünd` gestorben ist.

Er kennt deinen Kummer, deine Pein.
Er möchte dein getreuer Retter sein.

Komm doch zu Ihm mit deinen Sorgen.
An Seinem Herzen bist du dann geborgen.

Christus allein kann erfüll`n dein Sehnen.
Er gibt dir Trost und trocknet deine Tränen.

Er will dir Mut, Kraft und Hoffnung geben
Und dir schenken neues, ew`ges Leben.

Große Freude zieht dann in dich ein.
Für immer wirst du mit Ihm glücklich sein.

Der Tröster

Bist du in Ängsten und Bedrängnis, in Kummer und in Not,
dann mach` dich auf, wendt dich an deinen Gott.

Jesus sagt: „Ich bin bei euch alle Tage, bis an der Welt Ende!"
Drum reich` Ihm voll Vertrauen deine beiden Hände.

Der große Tröster, der Heiland Jesus ist immer für dich da.
Er, der dich liebt ohn Ende, ist dir immer nah.

Ihm kannst du ganz vertrauen. Er hält, was Er verspricht.
Geh` nur getrost mit Ihm und fürchte dich nicht.

Bist du mit Ihm verbunden hier in der Zeit,
dann bist du`s auch nach deinem Leben in Ewigkeit.

Jesus schenkt Gnade

Du hoch erhab'ner Heiland, Du König der weiten Welt,
Du neigst Dich gnädiglich zu mir vom hohen Himmelszelt,

zu mir geringen Menschlein in Elend und in Not
und willst in meinem Herzen wohnen, in mir Du großer Gott,

mir beisteh'n in dem Leben, in Krankheit und im Leid.
Du willst mir Trost und Freude geben jetzt und in Ewigkeit.

Nimm hin mein ganzes Leben. Ich will Dein eigen sein.
Mein Herz will ich Dir geben. Auf ewig bin ich Dein.

Womit hab' ich's verdienet? S'ist Gnade, die Du gibst,
versöhnt durch Jesu Tod sind alle Menschen, die Du liebst.

Habe Dank mein lieber Heiland, ich dank' Dir liebster Freund
für Deines Todes Schmerzen, da Du' so gut gemeint.

Ich kann Dir gar nichts geben, für Deine Lieb' so groß.
Ich kann mich selbst nur legen in Deiner Gnade Schoß.

Trost

Wenn ich auch manchmal angstvoll zitt're,
weil Krankheit west im Körper mir.
Dann tastet meine Hand voll Zagen
nach Deiner Hand. Du gibst sie mir.

Du bist da, um mich zu trösten, oh Herr.
Bei Dir fürcht' ich mich nimmermehr.

Hüll mich ganz in Deine Liebe ein.
Von Dir getrennt möcht' ich nie sein.

In das furchtsame Herze mein,
fließen dann Friede und Ruhe ein.

Gerade dann

Gerade dann, wenn du dich fühlst verlassen und allein,
sagt Jesus: „Sei nur ruhig, ich werde immer bei dir sein."

Und wenn dein Herz aufschreit: „Ich bin preisgegeben",
sagt Jesus: „Sei nur getrost, ich halt` dich fest im Leben."

Und wenn du stöhnst: „Ich halt` es nicht mehr aus",
sagt Jesus: „Ich komme gleich, Ich hol` dich da heraus."

Und schreist du: „Ich sehe vor Dunkelheit die Hilfe nicht."
Dann sagt Jesus: „Ich besieg` die Finsternis. Ich bin das Licht."

Ja, leuchte mit Deinem hellen Schein tief in mein Herz hinein.
Deiner Liebe geb` ich mich hin und Du sollst mein eigen sein.

Schau auf Jesus

Nur auf Jesus allein solltest du schauen,
denn fest auf Ihn kannst immer du bauen.

Schau nicht auf dieWellen, schau nicht auf den Sturm.
Hör` nicht auf das Brausen, das dich umtobt ringsherum.

Schau nur auf zu Jesus, auf zu ihm ganz allein.
Die Wellen werden sich legen und du wirst ruhig dann sein.

Dein Herzeleid wird Er wandeln und Friede zieht in dich ein.
Du wirst geborgen für immer in Jesu Armen dann sein.

Bleibe bei mir

Bleibe bei mir, wenn Sorge und Kummer mich plagt.
Bleibe immer bei mir bei Tag und bei Nacht.

Bleibe bei mir in Freud und im Leid.
Bleibe bei mir zu jeder Zeit.

Wenn Jesus ist mein Licht,
fürcht` ich mich nicht!

Segen

Jesus ist immer bei mir, denn das hat Er ja gesagt.
Er ist stets bei mir, auch wenn mich Kummer plagt.

Wenn ich Ihm voll vertraue und Ihm folgen will,
wird mein unruhig Herze in seiner Nähe still.

Alle Ängste schweigen. Über alle Maßen segnet Er sein Kind.
Nur in Seiner Lieb` geborgen, ich Ruh` und Frieden find.

Sei still

Sei nur stille, stille mein Herz,
wenn auch tief sitzt der Schmerz.

Auf Jesus darfst du schauen,
schenk` ihm dein Vertrauen.

Stille, Stille, sanfte Liebe,
Stille, Stille, tiefer Friede.

Verlier nie deinen Mut
und alles wird gut.

Jesu Liebe ist so groß.
Sie führt dich in des Vaters Schoß.

Alles

Alles, was mich plagt und quält,
leg` ich getrost in Deine Hände.
Ich weiß, Dein liebend Herze sorgt
dann für mich ohn` Ende.

Drum bin ich still und habe Mut.
Ich weiß, Du Herr machst alles gut.
In schweren und in guten Tagen,
darf ich Dir, Heiland, alles sagen.

Du gibst mir Hilf` in allen Dingen.
Denn alles darf ich Dir ja bringen.
Vor nichts wird mir mehr grauen,
wenn ich auf Dich nur werde schauen.

In Krankheit

„Ruf mich an in deiner Not,“
so sprach mein Heiland und mein Gott.

Ich ruf' Dich an: „Herr erhöre mich.“
Ich ruf' Dir zu: „Neig Dich gütig über mich.“

Ich bin schwach und krank und mutlos,
aber Deine Gnad' und Güt' ist groß.

Gib mir Ruhe und Geduld
und lass mich spüren Deine Huld.

Demütig neig' ich mich vor Dir in aller Stille.
Herr es geschehe nur Dein Wille.

Durch Trübsal hier
einst ganz zu Dir.

Abschied

Abend neigt sich nieder über gold`ne Zeit.
Und es deckt ein Schleier tiefes Glück und Leid.

Ist der Tag vergangen sonnig hell und klar,
ist ein Lied verklungen, das so lieb uns war.

Heißt es nun geschieden, leuchtet in der Fern`
inniglich und friedevoll der Erinnerung Stern.

Still im Abendfrieden hör` ich leises Singen,
wie in sanften Träumen zarte Engelsstimmen.

Tröstend, liebend, hold und lind,
sachte deckt der Abendwind

wehe Herzen, stille Tränen.
Es erwacht ein tiefes Sehnen

nach einer Lieb`, die ewig ist;
die man auf Erden hier vermisst.

Einmal in des Heilands Armen finden wir Glückseligkeit.
Voller Liebe und Erbarmen umschließt Er uns in Ewigkeit.

Ein Mensch ging von deiner Seite

Für immer ging ein lieber Mensch von deiner Seit`
und trauervoll bist du betrübt in tiefem Leid.
Sehnsüchtig schaust du auf ihn zurück
und getrübt von Tränen ist dein Blick.
Nur noch Dunkel siehst du und kein Licht.
Du hörst, die Zeit heilt alle Wunden. Sie tut es nicht!
Jedoch sei unverzagt. Da ist ein tröstend Herz,
das liebend dich versteht in deinem Schmerz,
das wirklich immer für dich schlägt
und deine Not mit dir gemeinsam trägt.
Schau voll Vertrauen auf zu Jesus Christ,
der am Kreuze auch für dich gestorben ist.
Er kennt wahrhaftig deine große Pein
und will dir stets ein treuer Helfer sein.
Er will dir Kraft und Hoffnung geben,
reicht dir die Hand zu einem neuen Leben.
Als deine Stütze trocknet Er dir alle deine Tränen
und verspricht Erfüllung deinem Sehnen.
Als Bruder auch im tiefsten Leide,
bleibt Jesus Grund für eine neue Freude.

5. Friede

Gottesfriede

Wenn Gottesfriede dich erfasst,
dann spürst du`s tief im Herzen.
Vorbei ist Unruh`, Furcht und Hast,
vorbei der Ängste Schmerzen.

Ausbreitend fließt glücksel`ge Ruh`
in deiner Tiefe Gründe.
Aufatmend bist befreit dann du
von Dunkelheit und Sünde

Du weißt, der Heiland wohnt in dir.
Ja, alle Schuld vergab Er dir.
Erfüllt von Seiner großen Liebe
wohnt in dir nun Sein heilger Friede.

Mein Schatz auf Erden

Du bist mein schönster Schatz auf Erden.
Mein Heiland, Du bist mein.

Nichts soll mir hier sonst lieber werden.
Mein Heiland, ich bin Dein.

Du bist mir Licht und Trost und Friede.
Geborgen bin ich in Deiner Liebe.

In Dich hüll` ich mich ganz hinein.
So kann ich ewig glücklich sein.

Jesu Licht

Wie die Blumen der Sonne entgegen öffnen ihre Blüten weit,
so woll'n Herzen sich öffnen dem Lichte der Herrlichkeit.

Dieses Licht, das ausgeht von Jesus, die ganze Welt erhellt
und den Menschen, die sich Ihm öffnen, in die Herzen fällt.

Voller Hoffnung Jesus entgegen leben sie in großer Freud
und erwarten Sein Kommen aus Seiner ewigen Herrlichkeit.

6. Hoffnung

Ein wunderbares Du

Es gibt ein großes, wunderbares Du,
das sich mir zuneigt, mir zu geben Ruh`.
Drum schau ich auf zu Dir: Jesus Christ,
der Du auch für mich gestorben bist.
Du starbst für mich aus Lieben.
Komm zu mir, so find` ich Frieden.
Lass` ich Dich ein in mein Leben,
wirst Du alles mir vergeben.
Jesus, ich bekenne mich zu Dir.
Und Du nimmst meine Sünde mir.
Darum fürchte ich mich nicht,
denn Jesus hält, was Er verspricht.
Wer Jesus Christus kennt,
ist nicht mehr von Gott getrennt.

Meine Hoffnung

Eine große Hoffnung gibst Du mir.
Herr ich vertraue gänzlich Dir.
Du nimmst meine Not in Deine Hände.
Deine Lieb` und Gnad` ist ohne Ende.
In Dir schweigt das bange Herz.
Du nimmst von mir Not und Schmerz.
Bin nun Sorg` und Kummer los
Und darf ruh`n in Deinem Schoß.
Ich atme schon hienieden
Deinen Himmelsfrieden.
Oh, wie dank` ich Dir, dass Du bist mein.
Ich bin für alle Zeit und ewig Dein.

7. Geborgenheit

Wandel im Vertrauen

Geh` deinen Weg nur sicher und wand`le im Vertrauen.
Allein auf Gott und Jesus kannst du voll Hoffnung schauen.

Und ist der Weg auch dornig, voll Unkraut und Gestrüpp,
Gott lenkt voll Lieb` und Gnade auf Freuden auch den Blick.

Das kleinste Blümelein am Wege erfreuet dein Gemüt.
Schau nur in die Runde, da ist noch manches, was da blüht.

Der Herr ist ja doch Sieger, der das Böse einst bezwang.
Und ist Er dein Begleiter, wird ruhiger dein Gang.

Ihm kannst du ganz vertrauen in diesem Erdenland,
auf Sein Versprechen bauen. Du gehst an Seiner Hand.

Durch Freud` und Leid im Wirrniss dieser Zeit
wird Er dich liebend führen bis hin zur Ewigkeit.

Immer nur Du

Erwach` ich des Morgens, so denk` ich an Dich.
Steh` ich dann auf, begleitest Du mich.

Geh` ich an mein Tagwerk, bist Du bei mir.
Du bist mir immer ganz nahe für und für.

Wird`s um mich dunkel, bist Du mein Licht.
Du bist die Sonne, die die Wolken durchbricht.

Alle Tage gibst Du mir ab von Deiner Kraft.
Du bist der Balsam, der Heilung mir schafft.

Und wenn ich zur Ruhe des Abends geh`
und im Geist in Dein liebendes Antlitz seh`,

dann ruh` ich geborgen aus in Deiner Hut.
So spür` ich, wie wohl Deine Nähe mir tut.

In Dein Erbarmen hüll` mich ein

Gnade ist es, dass ich Dich fand
und Du mich nahmst an Deine Hand.

In Dein Erbarmen hüll` mich ein.
Niemals möcht` ich getrennt von Dir sein.

Still ruh` ich in Dir mein guter Hirt`.
Bei Dir mir nie etwas mangeln wird.

Du bist bei mir in Freud` und Not.
Du mein Heiland und mein Gott.

Der Herr ist mein Hirte

Du liebster Herr Jesus Christus mein
unter Deinem Schutz nur ganz allein

sind wir alle so wohl geborgen
und brauchen uns nicht zu sorgen.

Du gibst uns unser täglich Brot,
bei Dir wir leiden nimmer Not.

Du sorgest für den Leib und die Seele,
dass es uns an gar nichts fehle.

So grün und saftig sind die Weiden,
die wir genießen mit Freuden.

An Deiner Quelle dürfen wir uns laben,
auf dass wir keinen Mangel haben.

Und wenn im finst'ren Tale Dunkel uns umgibt,
kommt der gute Hirte, der uns ohn` Ende liebt.

Er bleibt dann stets bei uns in Leid und Freud,
bis Er uns aufnimmt in Seine Herrlichkeit.

Wohlgeborgen

Barmherzigkeit ist Jesus eigen.
Er wird uns Lieb` und Gnad` erzeigen.

Leib und Seele, Herz und Sinn
gab` ich unserm Heiland hin.

Nichts in der Welt ist ihm gleichgestellt.
Mit Seiner Gnad` ich alles hab`.

Er hat mich immer gut geleitet,
in Freuden und in Leiden mich begleitet.

Wohlgeborgen in Jesu Armen
spür` ich Sein tiefes Erbarmen.

Nur bei Jesus ganz allein
Kann ich wahrhaft glücklich sein.

Du trugst mich

Du trugst mich durch die Wirrnis dieser Zeit.
Du hast mich von jeder Not befreit.

Du hieltest schützend Deine Hände über mir.
Geliebter Herr, ich danke Dir dafür.

Keiner kann so trösten wie Du.
Du decktest alle meine Trübsal zu.

Aufatmend darf ich Dir sagen,
Krankheit und Schuld hast Du getragen.

Liebend hast Du mich umfangen,
wenn ich als Hilfesuchender zu Dir gegangen.

Dir vertraue ich. Du bist Licht in der Dunkelheit.
Von der Finsternis hast Du mich befreit.

Oh wie glücklich darf ich sein,
denn Deine Liebe hüllt mich ein.

Du bist bei mir in Freud und Leid.
Du bist bei mir zu jeder Zeit.

Oh mein Freund und Herr Jesus Christ,
mein liebend Herz Dein eigen ist.

Ruhe und Sicherheit

„Wen da dürstet, der komme zu mir",
spricht unser Heiland auch zu dir.

Gehe zu Ihm mit deinen Schmerzen,
Linderung findest du an Seinem Herzen.

In all deiner Not ist Er dir nah.
Bei Ihm find`st du Hilfe immerdar.

Bei keinem kannst du so geborgen sein,
wie bei Jesus Christus nur ganz allein.

Er hält dein Leben in Seiner Hand.
Bleib` du Ihm nur immer zugewandt.

Er kann dich heilen und geben dir neuen Mut.
Bei Ihm wird ganz sicher alles wieder gut.

Sag` Ihm nur alles, was dich quält.
Auch dich hat Er zum Heil ja erwählt.

Wenn du Ihm ganz dein Leben übergibst,
dann wird es sein, dass du Ihn liebst.

Weil Er am Kreuz auch alle deine Schuld getragen,
wirst du dafür Ihm herzlich Dank auch sagen.

Dann bist du froh und still und voller Friede.
Und ruhest aus in Seiner Liebe.

Die Quelle

Die Quelle, die von Jesus kommt, sie fließt im Überfluss.
Nie hört sie auf zu sprudeln, so dass keiner düsten muss.

Sie entspringt dem tiefen Brunnen der Liebe Gottes droben
und gibt den Herzen ab von Himmelslust dort oben.

Sie fließt durch jedes Gotteskind und kühlt sein wehes Herz,
sobald es zu dem Heiland find und lindert Durst und Schmerz.

Lebendig fließt die Quell` dahin
und schenkt uns Freude, Glück und frohen Sinn.

Du unerschöpflich frische Quelle auch mich ganz erfüll`,
auf dass mein sehnend Herze werde still.

Seine Arme

Die Arme meines Heilands sind stark und tragen mich.
Jesus, in Schmerzen, Not und Krankheit da spür` ich Dich.

In liebender Gebärde umfängt Dein Arm mich mild.
Meine Ängste, meine Sorgen sind dann ganz gestillt.

In meines Heilands Armen, da ruh` ich selig aus.
In seinen sanften Armen, da bin ich ganz zu Haus.

Mein Heiland

Du, Jesus, bist es, der mir alles gibt.
Du bist es, der mich innig liebt.

Du bist bei mir bei Tag und Nacht.
Du bist bei mir, auch wenn Kummer mich plagt.

Du bist bei mir in Freud und Leid.
Du bist bei mir zu jeder Zeit.

In Worte kann ich es kaum fassen.
Du wirst mich nimmermehr verlassen!

In Deiner Hut, hab` ich es gut.
Ich sag` Dir Dank mein Leben lang.

Ich weiß

Ich weiß, dass mein Erlöser lebt. Er gab mir manche Zeichen.
Ich weiß es ohne Zweifel. Dies Wissen ist ohn` Gleichen.

Es macht mich froh und glücklich und geborgen.
Ich brauch` mich nimmer mehr zu sorgen.

Mein Leben und meine Zukunft ist Er mir.
Einst wird Er öffnen mir die Himmelstür.

Hoffnungsfroh schau ich auf dieses Ziel von fern,
denn einmal werd` ich für immer sein beim Herrn.

Ein Freund

Kennst du einen Freund, der immer bei dir ist?
Kennst du einen Freund, der niemals dich vergisst?

Kennst du einen Freund, der fortnimmt all dein Leid?
Kennst du einen Freund, der Halt dir gibt zu jeder Zeit?

Kennst du einen Freund, der dich in Schwachheit trägt?
Kennst du einen Freund, der segnend die Hände auf dich legt?

Kennst du einen Freund, der fortnimmt Krankheit und Not?
Kennst du einen Freund, der für dich besiegt hat den Tod?

Kennst du einen Freund, der jubelnde Freude dir schenkt?
Kennst du einen Freund, der dich in die Ewigkeit lenkt?

Wer mag das sein?   Es ist nur Jesus Christus allein!

Zur Nacht

Leg` dich nieder und schließe sanft die Augen dein.
Vertrau` dem Herren Jesus Christ, denn du bist Sein.

Wenn dein Herz vor Kummer angstvoll schlägt,
dann mach` aus deinen Sorgen ein Gebet.

Werde ruhig jetzt und schlafe ein in deines Heilands Liebe.
Was dir Jesus schenkt, ist Sein heiliger Gottesfriede.

Des Tages Last und Unruh` rückt dir nun fern
und du schläfst die Nacht geborgen in dem Herrn.

Gott lässt seine geliebten Kinder nie allein,
darauf kannst du bauen und darin ganz sicher sein.

8. Ruf zu Jesus

Nur Du allein

Ich danke Dir, Herr Jesus Christ, dass Du mich hast erhört.
Meinen Kummer, meine Angst hast Du in Liebe abgewehrt.

Geheimnisvoll aufsteigend aus tiefstem Herzensgrunde
spricht manch ein Wort von Dir aus meinem Munde.

Deine große Liebe möchte` ich weitertragen in die Welt.
Von ihr den Menschen künden, dass es Gott wohlgefällt.

Ist hier außer Dir doch keiner, der so voller Lieb` und Huld,
allen Menschenkindern zugewandt, trotz ihrer großen Schuld.

Nur Du allein bringst Trost, Vergebung, Heilung und Frieden.
Nur Du allein kannst sie abwenden die großen Nöte hienieden.

Prüfe dich

Geh` einmal in dich und prüfe dich, du Gotteskind,
ob deine Gefühle in Richtung Jesu ausgerichtet sind?

Hegst du im Herzen noch gegen jemand einen Groll?
Bedenke, dass ein Jünger Jesu den nicht haben soll.

Denn das höchste Gebot, das Jesus gab, heißt Liebe.
Erst wenn du danach lebst, erfüllt dich Gottesfriede.

Liebe deinen Nächsten in seiner Krankheit, seinem Schmerz.
Hab` mit ihm Erbarmen und hab` ein mitfühlend Herz.

Liebe deinen Nächsten, der in Armut und in Not.
Gib ihm ab von deinem täglich` Brot.

Liebe selbst auch deinen Feind, so Jesus zu dir spricht.
Verstehe, was Er sagt und zürn` dem Feinde nicht.

Jesus in Person hilft dir, wenn du Ihn darum bittest sehr.
Dann fällt dir das Vergeben nicht mehr schwer.

In der Welt sollst du, oh Gotteskind, Liebe verströmen,
auf dass andere sich ein Beispiel an dir nehmen.

Ruf des Christen in die Welt

Weißt du denn überhaupt als wahrer Christ,
was deine Pflicht auf Erden ist?

Verkünde Christus als den Herrn der Welt,
dem kein anderer ist gleichgestellt!

Komm heraus aus deiner selbstgewählten Stille.
Es ist gewiss doch Gottes Wille,

dass Jesu Feuer durch dich weiterbrennt.
Auf dass, wer dir begegnet, durch dich Jesus kennt,

der für uns Menschen einst ist auf die Welt gekommen,
wo für alle ward Sein Leben Ihm genommen.

Denn am Kreuze trug Er eines jeden Schuld.
Wahrlich allen Menschen galt Seine Huld.

Er möchte niemand richten, vielmehr alle retten,
letztendlich befreien sie von ihrer Sünde Ketten.

Allen, die Ihm folgen, vergibt Er ihre Sünden
und möcht` für immer mit ihnen sich verbinden,

auf dass sie für Zeit und Ewigkeit bei Ihm werden sein.
Das als wahrer Christ ruf` in die Welt hinein.

Gott erwartet uns

Aus Seiner überaus herrlichen, himmlischen Ewigkeit
schaut Gott, der Schöpfer, auch herab auf unsere Zeit.

Er gab uns, um sie recht zu nutzen, die Freiheit.
Oh, seht sie an als eine Prüfung für die Ewigkeit.

Doch viele schaffen und raffen, kämpfen und ringen.
Und all das nur, um auf Erden das Glück zu erzwingen.

Sie tappen oft nur im Dunkeln umher und finden es nicht.
Denn sie hören Gottes Stimme nicht, die durch Jesus spricht.

Nach ihrem physischen Tod, so denken gar viele, ist alles aus.
Sie irren sich, denn Gott erwartet alle in Seinem Vaterhaus.

Er wird die Abtrünnigen fragen, warum liebtet ihr mich nicht?
Nun ist es zu spät. Macht euch davon. Ich kenne euch nicht.

Doch allen denen, die auf Ihn hören, schenkt Er Sein Licht.
Die trägt Er durch`s irdische Leben hier, die verlässt Er nicht.

Er schenkt ihnen reichlich ihr „tägliches Brot"
und hilft ihnen im Leiden und lindert ihre Not.

Nach ihrem Tod behält Er sie fest in Seinen Armen.
Voller Freude und Glück erleben sie sein ewiges Erbarmen.

Ergreif` Gottes Liebe

Die Zeit ist ernst und traurig. Der Menschen sterben viel.
Ob sie ihr Schicksal ahnen? Was mag nun sein ihr Ziel?

Jeder und jedem möchte` ich`s sagen, denk` an die Ewigkeit.
Entscheide dich beizeiten, denn noch lässt Gott dir Zeit.

Ergreif` noch heute Gottes Liebe, wähl` nicht die ew`ge Qual.
Bedenke Menschenseele für dich kann`s sein zu spät einmal.

Drum sei auf der Hut.
Entscheide dich gut!

Gott will alle Menschen retten, damit sie werden,
seine Kinder, Seine Erben schon hier auf Erden.

Jesus, Gottes Sohn, starb am Kreuze auch für dich
und nahm aus Liebe deine Sündenschuld auf sich.

Für dich und mich litt Er die schwere Pein.
Bei Ihm nur können wir für immer glücklich sein.

Kommet her zu mir

Seht Jesus steh`n, die Arme ausgebreitet,
Ihn, der Gnad` und Freude euch bereitet.

Hört Ihn rufen: Kommet her zu Mir,
die ihr dürstet und seid belastet schwer,

die ihr mühselig seid und beladen.
Ich will euch helfen, eure Lasten zu tragen.

Ich will erquicken eure Herzen,
will euch nehmen Angst und Schmerzen,

bring` euch Frieden und tiefes Versteh`n,
will auf allen Wegen mit euch geh`n;

wenn ihr seid für Mich bereit,
schenk` ich euch meine Herrlichkeit.

Wir haben doch Jesus

Wir sind oft ratlos und verwirrt
und wissen nicht, was noch kommen wird.

Aber wir haben doch Jesus!

Wir sind manchmal krank und leiden Not.
Wir haben kaum unser „täglich` Brot".

Aber wir haben doch Jesus!

Uns überfallen dumpfe Ängste immer mal wieder.
Die Schrecknisse der Zeit drücken uns nieder.

Aber wir haben doch Jesus!

Welch ein Wort von kaum erhofften Gnaden
Hebt uns empor und bewahrt uns vor Schaden.

Jesus Christus, dem alle Himmelskraft zu eigen,
Bringt unser banges Herz zum Schweigen.

Wenn wir in Seine starken, zarten Hände alles legen,
finden wir bei Ihm und in Ihm das wahre Leben.

Nicht mehr allein

Warum irrst du in der Welt so einsam und ruhelos umher?

Spürst du denn nicht, dass Jesus ist ganz nah bei dir?

Jesu Hand wartet schon immer auf die deine.

Ergreife sie und du bist nicht mehr alleine.

Weil Er auch dich liebt über alle Maßen,

kannst du Ihm getrost alles überlassen.

Mach` dir nunmehr keine Sorgen.

Fühl dich ganz in Ihm geborgen.

Er hält über dir die Wacht

Bei Tag und bei Nacht.

Jesus liebt dich

Jesus kam, um uns zu lieben.
In Ihm findest du wahren Frieden.

Jesus liebt dich. Komm doch zu Ihm
und gib dich Seiner treuen Liebe hin.

Hast du dein Herz Jesus gegeben?
Gabst du Ihm dein ganzes Leben?

Durch Glück aber auch durch Leid
will Er dich führ`n zu ew`ger Himmelsfreud

Dann wird enden alle ird`sche Pein
und du wirst ewig selig sein.

Was wird aus dir?

Glaub` nur nicht, es ist zu Ende nach deinem Sterben.
Oh nein, dann wird das Leben erst vollkommen werden.

Dein Leben ist nicht zu Ende nach deinem Tod.
Oh nein, es geht dann weiter mit oder ohne Gott.

Im Jenseits kannst du nicht mehr Gottes Eigen werden.
Entscheiden kannst du dich nur hier auf Erden!

Gott wird dich richten nach deiner Wahl.
Wenn du Ihm gehörst, entgehst du der einsamen Qual.

Gott möchte dich bei deinem Namen nennen.
Denn Er liebt auch dich. Das sollst du schon hier erkennen.

Durch Jesu Heilstat hat Er auch dir alle Schuld vergeben.
Glaube es und es wird dir gegeben in Gott das ew`ge Leben.

Kommt zu Ihm

Oh, Kommt doch alle, kommt zu Hauf.
Sucht Jesus und Seinen Vater auf.

Ihn zu erleben ist die reinste Freud`.
Oh, kommt zu Ihm, oh, kommt noch heut`.

Lasst nur alles liegen und steh`n,
auf dass ihr Seine Wohltaten könnt seh`n.

Denn es gibt einen Meister droben,
den Seine Werke selber loben.

Sein zu sein in Freud und Leid,
das allein ist die wahre Seligkeit.

Einmal öffnet sich euch das Himmelstor weit.
Und bei Gott seid ihr dann in Ewigkeit.

Frage

Wo ist mein Weg auf dieser Welt? Wo geh` ich hin?
So kommt es oft mir in den Sinn.

Ich will es packen, doch es gelingt mir nicht.
Zwar ist mein Wille stark, doch schaffe ich es nicht.

Ich seh` es ein, erlösen kann ich mich nicht allein.
Nicht fortwälzen kann ich den großen „Stein".

Will ich Erlösung finden, schau` ich mir Jesus an.
Er befreite mich von meinen Sünden am Kreuzesstamm.

Meine Schuld hat er ans Kreuz getragen, drum bete ich Ihn an,
Ihn, der unter schwersten Leiden so Großes hat für mich getan.

Jesus unser Diener

Mein Herr, Du kamst, um uns zu dienen
aus deiner großen Herrlichkeit herab.

Bist arm und niedrig uns erschienen
als ein Mensch, der sich für alle gab.

Du halfst uns Menschen in unserer Not,
gabst Dich im Wein, gabst Dich im Brot.

Ohne Ausnahme hast Du getröstet und geheilt
gar jeden „Kranken", der zu Dir geeilt.

Die Deinen, die sich Dir in Liebe zugewandt,
hast „Freunde" Du genannt.

Was Du gesagt, hast Du getan.
Wir schauen Dich in Demut an.

„Wer unter euch der Größte will sein,
der soll euer aller Diener sein."

Deinen Jüngern wuschest Du die Füße gar.
Du warst für jeden Sünder da.

Du kamst zu retten sie auf Erden,
auf dass sie nicht dereinst gerichtet werden.

Weil Du die Schuld für uns getragen,
woll`n wir herzlich Dank Dir sagen.

Deine Liebe, uns zu dienen alle Zeit,
bahnt uns den Weg zur Ewigkeit.

Woran erkennst du einen Christen?

Sag` mir, woran kannst du einen Christen erkennen?
Kannst du mir einige typische Merkmale nennen?
Sein Gesichtsausdruck wird voller Freude sein
und seine Augen werden strahlen wie Sonnenschein,
da ihn umgibt die Liebe unseres Herrn.
Darum hat er auch seine Nächsten gern.
Er lebt mit Freude im Herzen in strahlendem Glück,
denn voll reichem Segen ist sein Geschick.
Und treibt ihn um die Frage nach Wahrheit?
So gibt Gott selber ihm darüber volle Klarheit.
Er lebt auf der Welt wie in einem Wunderland.
Denn in allem hat er Gottes Wirken erkannt.
Gott ist er vertauensvoll zugewandt.
Alles nimmt er dankend entgegen aus seiner Hand.
Er weiß, es ist alles die Fügung des Herrn.
Und darum preist er Ihn von Herzen gern.
Wenn auch andere ihm tausendfach ihre Zweifel sagen.
Ihn stört das nicht, denn Gottes Liebe wird ihn tragen.
Vertrauensvoll wie ein Kind steht er fest im Glauben.
Und den lässt er sich von niemanden rauben.
Er verkündet die frohe Botschaft dem, der sie hören will.
Überfällt ihn Krankheit, gerät er in Not dann leidet er still,
denn seinen Kummer kann er ja immer Jesus sagen.
Und der wird ihn stärken und wird ihm helfen alles zu tragen.

9. Weihnachten

Freudenstrahl

In das finstre, dunkle Erdental
dringt ein heller Freudenstrahl.

Diese Freude gilt uns allen,
zeigt uns Gottes Wohlgefallen.

Unsere Rettung kommt von oben.
Horcht, wie Engelsstimmen loben

und uns künden voller Freud:
Christus ist geboren heut!

Lasst uns doch mit ihnen singen.
Lasst aus unsern Herzen dringen:

Lob und Dank sei Dir, oh Herr,
Dir, dem Retter, Preis und Ehr.

Christfest

Stille liegt das kleine Städchen. Haus und Gärten dicht verschneit.
Leis` von ferne Glocken läuten, melden: „Es ist Weihnachtszeit."

Aus den Fenstern schimmert farbig auf den Schnee der Kerzenschein,
Von den schöngeschmückten Tannen leuchtet`s zart im Abendschein.

Sterne glänzen hoch am Himmel und die Welt liegt wie im Traum.
In den Häusern frohes Singen, Weihnachtsduft in jedem Raum.

Kinderjubel, Weihnachtsfreude bei den Christen hier hienieden.
Fern von Kampf und allen Kriegen spüret jeder Christfestfrieden.

Heute ward uns einst das Kind geboren. Es kam in die dunkle Welt,
auf dass die Menschheit, die verloren, ward von Seinem Licht erhellt.

Drum in euren schönsten Liedern vom Christkindlein singt.
Denn das traute Licht, das uns Weihnachrten bringt,

das erleuchtet uns mit seinem hellen Schein
und dringt dabei ganz tief in unsere Herzen ein.

10. Passion

Gethsemane

Mit Gott ringt Jesus angstvoll zitternd im Gebet.
Er mög` doch abwenden von Ihm den bitter`n Weg.

Sein Schweiß wie von Blutstropfen zur Erde fällt
und unbeschreibliche, tiefe Traurigkeit Ihn befällt.

Soll Er jetzt wirklich tragen alle Schuld der Welt?
Er, der ohne Sünde lebte, ganz auf Gott gestellt.

Doch dazu ward Er ja als Mensch geboren,
Ohne Ihn gingen wir sonst allesamt verloren.

Die Jünger schlafen. Sie ahnen nichts von Seiner Pein.
In Seinem bangen Ringen mit Gott ist Er ganz allein.

Doch schickte Gott von oben einen Engel zu Ihm herab,
der Ihn stärkte und Ihm Kraft für Seine Heilstat gab.

Ein Freund und Jünger hat Ihn mit einem Kuss verraten.
Kriegsknechte packten Ihn und wussten nicht, was sie taten.

Er ging gefasst und mutig nun in Sein Verderben,
um unsäglich für uns zu leiden unter den Schergen.

Golgatha

Das Dunkel aller Schuld der Welt brach über Ihn herein
am Kreuz, wo Jesus musst für alle Menschen Büßer sein.

Unmittelbar vor seinem Ende ruft Er: „Es ist vollbracht."
Und danach versinkt Er in die dunkle Todesnacht.

Mit einem Schrei endete auf Golgatha sein irdisch Leben.
Gott hat zum Lohne neues, ew`ges Leben Ihm gegeben.

Das hat Er für alle, die Ihm folgen wollen, miterrungen.
Wie Seine Apostel es uns in der Bibel vormals sungen.

Dank Seiner Heilstat hat Gott uns unsere Schuld vergeben,
auf dass wir einst für ewig alle können mit und bei Ihm leben.

Jesus starb für dich

Wäre Jesus nicht gestorben am Kreuzesstamm,
wären wir verloren, träfe uns der ew`ge Bann.

Sieh` am Kreuze Ihn dort hangen,
voller Schmerz und voller Bangen.

Hörst du nicht, was Er dir sagt?
Hast du nie danach gefragt?

Was Ich tat, tat Ich auch für dich!
Was tust du nun für mich?

Er rettete dich aus Schuld und Not
zur Versöhnung mit deinem Gott.

Willst du sein Geschenk nicht annehmen?
Füll`n sich deine Augen nicht mit Tränen?

Weil Er das getan für dich
und es kümmerte dich nicht.

Oh Herr, ich knie dankbar vor Dir nieder
und Dir sag ichs immer wieder:

Ich bins nicht wert, was Du für mich getan.
Herr nimm in Gnaden mein sünd`ges Leben an.

Dank sei Dir und viel Ehr.
Dir mein Heiland und mein Herr.

11. Ostern, Himmelfahrt und Pfingsten

Auferstanden

Zu neuem Leben auferstanden ist der Herr nach Seinem Tod.
Nun sind auch wir nicht mehr vom ew`gen Tod bedroht.

Lasst uns voller Freude singen: Jesus brach des Todes Bann.
Tief in unserm Herzen spüren wir, das hat Er für uns getan.

Unter übergroßen Schmerzen hat Er unsere Straf` ertragen.
Dafür woll`n wir stets aufs Neue herzlich Dank Ihm sagen.

Auferstehung

Oh, welch` großes Wunder sehe ich in der Natur.
Überall, an allen Orten seh` ich Gottes Spur.

Wie alles grünt und sprießt, wächst und gedeiht
und in farbenfrohem Blühen mich erfreut.

Wer hat solche Kraft, der jährlich alles neu erschafft?
Es ist der Herr, der auch uns zum Leben hat gebracht.

Woll`n wir uns vor Ihm nicht ehrfurchtsvoll verneigen,
Ihm mit unserm Leben stetig Dank erzeigen?

Himmelfahrt

Nach bitterem Kreuzestod und gücklichem Aufersteh`n,
will der Herr Jesus Christus Seine Jünger wiederseh`n.

Nachdem sie alle angstvoll von Jerusalem fortgestrebt,
zeigt Jesus ihnen an manchen Orten, dass Er lebt.

Er sagte ihnen zu: „Ich bin bei euch alle Tage,
bis an der Welt Ende", dass keiner von ihnen verzage.

Eine Wolke umhüllte Ihn vor ihren Augen und trug Ihn empor
zum Himmel entgegen einem jubelnden Engelschor.

Bei diesem letzten Treffen knieten sie vor ihm nieder
und ein Engel verkündigte ihnen: So kommt Er wieder.

Pfingsten

Oh Feuer, Geistesfeuer von Gott und Jesus uns gesandt,
brenn` in unsern Herzen mit heiligem Brand.

Jesu Jünger hat es beim ersten Pfingsten voll entzündet.
Sie haben den Umstehenden den Heiland verkündet.

In ihren Sprachen haben die Menschen es vernommen:
Jesus Christus ist von Gott zu euch gekommen.

Er, den sie wie einen Verbrecher ans Kreuz geschlagen,
Er hat in Gottes Auftrag eure Schuld getragen.

Glaubt an Ihn und lasst Ihn ein in euer Leben.
Er liebt euch und alles wird Er euch vergeben.

Er wird euch in Liebe nehmen jeglichen Schmerz.
Er wird euch Freude und Frieden bringen ins Herz.

Oh kommet doch alle zu Ihm und betet Ihn an,
Ihn, den Christus, der so viel für uns Menschen getan.

Lasst uns miteinander froh und glücklich im Verein
nun selber auch Künder seiner Botschaft sein.

12. Ein Lied von Felix Maquet, dem Vater der Autorin

Wenn der Himmel sich verhüllet

Wenn der Himmel sich verhüllet
hinter dunkler Wolkenwand
und mein Herze angsterfüllet
tastet nach des Herren Hand

richte ich den Blick nach oben
über Wolken weit hinweg
und beschreite froh mit Loben
der Verheißung Glaubensweg.

Darum brauch` ich nicht zu zagen
in dem rauhen Pilgerlauf;
alles darf ich Ihm ja sagen.
Er nimmt mein Gebet ja auf.

Hinter dunkler Wolkenschwere
leuchtet hell in weiter Fern`
frei von aller Erdenschwere
der Verheißung Gnadenstern.

Lieferbar ist:

Horst Gädtke + Erika Wolffram

Himmelsbrot für jeden Tag

Was wir zum Leben brauchen
Sprüche und Gedichte

In diesem Buch werden nachdenkenswerte, mehr oder minder kurze Texte für jeden Tag des Jahres wiedergegeben, also insgesamt 365+1.

In vier Abteilungen finden sich:

1. 78 vorwiegend dem Neuen Testament entnommene, aussagekräftige Bibelsprüche.
2. 158 Aussprüche mehr oder minder bekannter, sowie auch unbekannter Autorinnen und Autoren.
3. 69 Gedichte mit christlichen Glaubensaussagen des Autors.
4. 61 Gedichte mit christlichen Glaubensausagen der Autorin.

ISBN 3 - 8311 - 4725 - 6

Lieferbar ist:

Horst Gädtke

Wachsende Nähe der Naturwissenschaften an den christlichen Glauben

Dargestellt am Beispiel der Physik

Die in diesem Buch zusammengestellten Texte sind überarbeitete Wiedergaben von Vorträgen des Autors unter dem Generalthema: „Glauben aus meiner Sicht."
Die dargelegten Gedanken möchte er als Diskussionsanregung verstanden wissen, sich mit christlichen Glaubensaussagen zu Beginn des dritten Jahrtausends nach Christi Geburt etwas näher auseinander zu setzen.
In dem Hauptvortrag, dem Namensgeber des Buches, geht es dem Autor vor allem darum, etwaigen Hinderungsgründen für den christlichen Glauben, die ihm, wie er meint, irrtümlicherweise aus naturwissenschaftlichen Erkenntnissen zu erwachsen scheinen, entgegen zu treten.
Es geht dem Autor keineswegs darum, etwa die Existenz Gottes beweisen zu wollen. Er weiß, dass diese sich physikalisch weder beweisen noch widerlegen lässt.
Neben dem Hauptvortrag enthält das Buch u.a. Vorträge mit den folgenden Themen: „Was ist christlicher Glaube?" – „Warum bin ich Christ?" – „Wort Gottes." – „Die sieben Wunderzeichen Jesu im Johannes Evangelium." – „Die Sakramente Taufe und Abendmahl."

ISBN 3 - 8311 - 4445 - 1

Lieferbar ist:

Horst Gädtke

Zeit, Tod und ewiges Leben

Ziel des Buches ist es, die christliche Hoffnung auf ein ewiges Leben nach dem physischen Tod aus der Sicht eines theologischen Laien, der der Evangelisch-Lutherischen Landeskirche angehört, gemäß seinem Glaubens- und Wissensstand darzustellen.

Das Buch enthält u.a. die folgenden Kapitel:

Eine kurze Betrachtung der Zeit.

Nahtoderlebnisse.

Sterbebegleitung.

Tod im Alten Testament der Bibel.

Tod im Neuen Testament der Bibel.

Tod und ewiges Leben.

Betrachtungen über den Tod nach Helmut Thielicke.

ISBN 3 - 8330 - 0520 - 3

Geplant sind folgende Buchprojekte:

Erika Wolffram

Leben im Vertrauen

Wie ich das 20. Jahrhundert mit meiner Großfamilie durchlebte

Horst Gädtke

Gott sucht dich, lass dich von ihm finden

Der Weg zum wahren Leben

Mit Gott reden! Oder wie beten?

Mit Gott leben!

Gedanken zur Bergpredigt